Få dit første job eller praktikplads i finanssektoren

Gennemtestede trin til at kickstarte din karriere med hjælp fra en insider

Wayne Walker

Indholdsfortegnelse

Introduktion: Hvorfor læse denne bog?

Spørgsmålet, der skal besvares af alle bøger af den her type, er naturligvis "hvorfor?". Hvad er meningen? Fylder jeg bare siderne med tomme ord, eller er der en klar værdi der bliver givet til læserne? Der er ingen grund til at trække spændingen ud; jeg tror at denne bog opfylder målet med at levere værdi på så mange sider der er brug for, men uden at overdrive. Mine andre bøger har heldigvis også ry for at gå lige til sagen.

På de følgende sider vil jeg fortælle direkte, hvad der er brug for, hvis man vil starte en karriere eller et job i finanssektoren. Min vejledning er baseret på min personlige erfaring og arbejde i bank- og finanssektoren i flere lande på forskellige kontinenter.

De vigtigste ideer som jeg vil dele i den her bog, er ideer, jeg har delt med studerende og nyudklækkede dimittender i hele verden. Det er ideer og tips, der er blevet brugt med succes. For at sige det enkelt, så er det her bogen, jeg ville ønske fandtes, da jeg dimitterede fra universitet. Min vejledning har virket for tusindvis af mennesker, MEN jeg er ikke arrogant nok til at sige, at det er perfekt. Alt og alle kan hele tiden forbedres.

Vi begynder ved at gå lige til sagen

När du sidder til jobsamtale, så skal du kort sagt kunne overbevise virksomheden om, at du er den bedste kandidat til at hjælpe dem med at opnå deres mål. Tænk grundigt over det... Du skal overbevise dem om, at du er den bedste kandidat til at hjælpe dem med at nå <u>deres</u> mål. Det kan du godt læse to gange. Prøv at forestille dig et scenarie, hvor rollerne er byttet om. Er det ikke også hvad du selv ville være interesseret i som virksomhed? Svaret bør være et klokkeklart ja!

Din opgave er at lære så meget som muligt om de mål som den afdeling eller chef du skal til samtale hos prioriterer. Heldigvis har vi internettet til rådighed, hvor der er et væld af information tilgængeligt gratis eller næsten gratis. Du bør lave noget research for at få så meget information som muligt. Hvis du allerede kender nogen i firmaet, så har du det ideelle hemmelige våben du kan udnytte.

Det som rent faktisk betyder noget

Det sidste afsnit omhandlede samtalen. Nu vil vi gennemgå nogle af de skridt du skal tage for at sikre dig en jobsamtale i første omgang. Det vigtigste værktøj er dit professionelle netværk af folk du kender og folk *de* kender. Jeg ville ønske der var en magisk genvej, men det er altså ikke tilfældet. Hvis du ikke læser videre i den her bog, så bare husk på det her råd, og så er du halvvejs mod dit mål. Det er unfair og måske lidt politisk ukorrekt, men den slags har jeg ikke tid til, og det har du heller ikke. Dine forbindelser spiller en enorm stor rolle ved starten af din karriere, (u)heldigvis, og de vil følge dig.

Før jeg går længere ind i det her, så vil jeg lige tilføje, at dine karakterer og den skole du gik på selvfølgelig spiller en rolle, men et godt netværk slår det hver gang... Nemt.

Jeg vil begynde ved at bruge mig selv som et eksempel, og så vil jeg også dele eksempler fra de studerende jeg har undervist i hele verden – Europa, Asien, USA, etc. Fællesnævneren for størstedelen af deres succes eller udfordringer i at sikre det første job, er deres netværk.

Min rejse; Jeg fik mit første job i New York City med hjælp fra folk jeg kendte i industrien. De første bankjobs jeg fik i Europa, var på grund af tips fra mine venner. En af de tips var så gode, at en af mine jobs udsprang fra en "no interview" jobsamtale, der mest bare var ren formalia, hvilket bliver mere normalt efter dine første par jobs. Det her "no interview" betyder, at i stedet for at det er en traditionel jobsamtale, så diskuterer du hvorvidt der er overlap mellem dig og din potentielle arbejdsgiver.

Var min situation unik? Slet ikke! For eksempel, så var jeg engang en del af en paneldebat til et internationalt karriereevent for et par år siden. Hele panelet havde mulighed for kort at beskrive hvordan vi havde fået vores jobs. Langt størstedelen sad i deres positioner på grund af en "no interview"-samtale. For at sikre deres positioner, skulle de reelt set have en samtale med nogen de allerede kendte fra deres netværk.

Den kyniske læser vil måske tænke: "Okay Wayne, det er fedt for dig og andre garvede professionelle, men hvad med os studerende?" Selv hvis du i princippet er enig med hvad jeg har skrevet, så kan du være i tvivl om, hvad du tilbyder når du "bare" er studerende. Min holdning er, at enhver der undervurderer networking med universitetsstuderende, går glip af rigtig mange muligheder. Resultaterne for mit firma gennem forbindelser der "bare" var studerende, har været helt fantastiske. Lige fra internationale aftaler til online uddannelsespartnere, private klienter, osv. Listen er lang.

Et par hurtige pointer: Som studerende, så HAR du noget at tilbyde. I mange tilfælde er du på forkant med den nyeste teknologi og trends, og det er en værdifuld evne. En anden vigtig pointe er, at du vil dimittere på et tidspunkt; derfor vil din situation og muligheder ændre sig. Selv som en studerende, er dit eksisterende netværk sandsynligvis mere værdifuldt end du tror. Enhver smart professionel or firma bør være klar over, at studerende ikke bare er dukket op ud af den blå luft. Du ved aldrig hvem de studerendes venner, forældre, familie og bekendte er.

Opsummering

Min erfaring med at hjælpe finansstuderende i virkelighedens verden viser, at størstedelen der sikrede et job i sektoren, skyldes at de havde nogen i deres netværk, og i visse tilfælde, at jeg delte mit netværk med nogle af dem.

Få et netværk på campus

D et ville være lidt af en skuffelse, hvis jeg skrev så meget om vigtigheden af netværk, uden at give nogle trin til, hvordan man danner sig et netværk. Som studerende, begynder dine første skridt på campus. Tilmeld dig en finansgruppe- eller klub der interesserer dig så hurtigt som muligt. Det endelig mål er, at du begynder processen med at opbygge et professionelt netværk. Du vil helt sikkert lære mange nye ting, men når alt kommer til alt, så er dit udvidede netværk målet. For eksempel, er der en del studenterforeninger i Europa der både er meget populære og professionelle. Jeg har arbejdet med mange af dem. På Groningen Universitet i Holland, for eksempel, er det nødvendigt at formandskabet for studenterforeningerne midlertidigt tager en pause fra studierne mens de leder foreningerne. Det er et helt fuldtidsjob, og det viser hvor seriøse de her foreninger er.

De forskellige klubber arrangerer praktiske arrangementer om forskellige emner, hvoraf jeg har undervist i nogle af dem. De har også firmaaftener. En firmaaften er hvor banker og andre har middage, hvor studerende kan møde de ansatte og netværke sig til sommerpraktik og deres første jobs. Mange, men ikke alle, af disse netværksaftener har karakterkrav for deltagelse; derfor skal du have gode karakterer for at komme med.

Lederskab

Nu hvor du er i gruppen, så er næste trin at bevæge dig fra at være et ansigtsløst medlem til at lægge hovedet på blokken og ansøge om en lederskabsposition. Det vil give dig muligheden for at øve dig i at lede i et sikkert miljø på campus. Hvis du begår fejl, hvad så? Alt er tilgivet, for du er stadig studerende. Det er bedre at lave forretningsfejl i et sikkert miljø, inden din professionelle karriere.

I mange tilfælde vil dine taleevner også forbedres drastisk. Faktisk er det en god idé at øve sig i taler så ofte du kan, for det giver en af de bedste ROIs (Return Of Investment) i din skoletid.

Okay, tilbage til lederskab. Med en lederrolle, kan du maksimere dine netværksmuligheder. Du vil være kontaktpersonen for alle eksterne firmaer og partnere. Det kan også føre til networking med andre virksomheder eller finansforeninger hos andre universiteter, så du kan udvide dit netværk endnu mere! Det ser selvfølgelig også godt ud på dit CV, og hjælper dig med at skille dig ud fra de mange andre konkurrenter i feltet.

Få praktisk erfaring

Uanset om det er gennem dit klubmedlemskab eller ej, så sørg for at få noget praktisk træning indenfor det område af finanssektoren, der interesserer dig. Jo mere praktisk erfaring du kan få, jo bedre. Husk på, at du vil få masser af teori på universitetet; derfor har du ikke brug for endnu mere teori i din fritid. De praktiske færdigheder vil hjælpe dig med at skille dig ud i udvælgelsesprocessen for praktikpladser og jobs. Endnu et plus ved disse praktiske timer er, at du kan komme i kontakt med flere ligesindede studerende, og I kan hjælpe hinanden i processen.

LinkedIn

Opret og vedligehold en LinkedIn-konto så hurtigt som muligt. Det er det foretrukne værktøj for networking indenfor virksomheder og finanssektoren. Drop profilbilledet af dig, der spiller ølbowling, og vælg et stedet et billede der siger noget om, at du er på vej frem her i livet. Herefter kan du begynde at oprette forbindelse til folk i firmaer, der interesserer dig, især alumni fra dit universitet. Bemærk dog, at det er dårlig stil at oprette forbindelse til nogen og så tigge dem om en tjeneste dagen efter. Personen vil højst sandsynligt blokere eller ignorere dig. En anden pointe, der er vigtig i networking er at starte processen lang tid før du skal bruge det.

Hvad skal man studere?

Et populært spørgsmål som jeg ofte får fra studerende er: "Hvor vigtigt er den uddannelse jeg læser?". Det korte svar er, at det har indflydelse, men er ikke altafgørende. Så længe der er et fundament af fag der inkluderer en blanding af økonomi, finans, statistik, mm., så er du godt på vej. Da jeg sad og rekrutterede folk tilbage i tiden, har jeg f.eks. hyret folk der har læst historie. Det vigtigste for mig var personens interesse og attitude. Det skader BESTEMT heller ikke at have en stærk baggrund indenfor finans. Mange firmaer og banker har deres egne uddannelser, og de vil lære dig en masse af det du skal vide.

For at være realistisk, så vil historie- eller engelskstuderende forøge deres chancer ved at være i praktik i en bank eller have en demo-handelskonto som bevis på deres interesse i f.eks. trading. Hvis du har et specifikt mål om at blive revisor, så er der heller ingen overraskelse, at dine fag skal have et tungt fokus på dette emne.

Kryptovaluta og blokchain

I skrivende stund har vi kryptovaluta og blockchain-teknologi. Begge er stadig relativt nye, og det anbefales at du lærer og forstår de fundamentale principper ved dem. For de uindviede, så er blockchain den underliggende teknologi for kryptovaluta. Det her er ikke et essay om teknologien, men hvis du rådgiver klienter, så kan det være påkrævet at du kender til det, selv hvis du ikke personligt kan lide produktet.

Sprog

Udover forretningsfag, så bør du også overveje at fokusere grundigt på sprog. Dette gælder primært for studerende i USA, hvis evner indenfor fremmedsprog generelt ikke er lige så stærke som f.eks. europæernes. Størstedelen af de studerende jeg underviser i Europa er flydende eller næsten flydende i mindst 2-3 sprog, men det er ikke tilfældet for studerende i USA. Jo flere sprog du kan, jo flere muligheder har du. Så simpelt er det.

Sprog der næsten garanterer gevinst på din investering? Engelsk er vinderen, da det siges at være "pengenes sprog". Arabisk, russisk, tysk eller mandarin kan også være dine billetter til store bonusser hvis du arbejder på et handelsteam, privat formueforvaltning, eller lignende områder. Ja, mange af disse klienter taler engelsk, men ligesom andre folk her i verden, så foretrækker de at lave forretninger på deres modersmål, især når det involveres deres penge.

Fra mine år som leder af tradere indenfor udenlandsk valuta, så ved jeg, at de teams, der beskæftigede sig med Mellemøsten, Rusland og Asien havde store handelsvolumener. Deres klienter kan godt lide aktivitet, og det er godt for teamets bonusser. For teams indenfor formueforvaltning, så kommer der mange nye formuer fra emerging markets. Så hvis man kan deres sprog, er det et plus.

Din skoles ry

Din skoles omdømme er vigtigt, men er ikke så vigtigt, som mange vil prøve at fremhæve. Du skal gå på den skole der virker for dig, som du er komfortabel med at være på. Som folk ofte siger, så "gå der hvor du bliver anerkendt og ikke blot accepteret." Det ville være en skam at bruge 3-6 år et sted du ikke bryder dig om. Din skoles ry vil spille en rolle i beslutningsprocessen for den bank eller det firma, der skal besøge stedet til en karriereaften. Men hvis du opbygget dine kontakter under din universitetstid, så vil din skoles ry komme på anden- eller tredjepladsen når du skal til at lande et job.

Karriereveje i finanssektoren & teknologiens indflydelse

H vor skal du starte din karriere i finanssektoren? Det afhænger i høj grad af dine interesser. Den mere udadvendte type bliver måske tiltrukket af salg, og den lidt mere indadvendte type kan gå ind i handel med optioner eller algoritmisk trading. Det er huske på, at mange af positionerne er specialiserede; så når først du er "inde", så er du virkelig inde.

Investment Banking

Denne kategori indeholder mange af de jobs som du ofte ser på film. Masser af action, glamour, penge og lange arbejdsdage. Men der hvor du ender henne, skal igen afhænge af din interesse og dygtighed. Du kan sidde på en trading desk og gennemføre handler indenfor udenlandsk valuta eller optioner. Du kan også give rådgivning til rige private klienter eller virksomheder. Mange investeringsfirmaer er inddelt i divisioner og regioner. Det giver også mange muligheder for at arbejde internationalt, hvis man ønsker at gå i den retning.

Commercial Banking

Det kommercielle bankvæsen er det de fleste er bekendt med, når du nævner bankverdenen. Det kan inkludere din lokale bank for lån og realkredit. Det er her du går hen, hvis du foretrækker den lokale oplevelse som f.eks. afdelingsleder eller lånerådgiver.

Finansiel planlægning

Finansrådgivere og private formuerådgivere arbejder med private klienter for at lave den bedste plan til at imødegå klientens finansielle mål. Dette kunne f.eks. inkludere skatteplanlægning eller invsteringsstrategier, for at nævne nogle enkelte.

Private equity/kapitalfonde

Private equity arbejder med at rejse kapital for firmaer til, for eksempel, en regional eller global udvidelse. De kan også være involveret i virksomhedsomlægninger eller opkøb.

Corporate Finance

Corporate finance kan omhandle arbejdet med fusioneringer og selskabsovertagelse, forberedelse af regnskaber, eller arbejde med eksterne revisorer.

Hedgefonde

Hedgefonde er private investeringsfonde hvor ledelsen har meget frihed til at bestemme hvordan og hvad de investerer eller handler i. De kan bruge gearing, derivater, samt shorte markedet. Disse positioner er meget populære, og det er ingen overraskelse, at konkurrencen om dem er hård. Mulige positioner indenfor hedgefonde inkluderer trader, porteføljeforvalter og kvantitativ analytiker, osv.

Forberedelser til fremtiden (teknologiens indflydelse)

Finanssektoren er et område, der er blevet påvirket og vil fortsætte med at blive påvirket af teknologi. Jeg ville gøre dig en bjørnetjeneste, hvis jeg sprang dette emne over.

Da jeg først startede i finanssektoren, blev IT-folkene typisk kun anset for at være en udgift for den bank jeg arbejdede i. I de seneste år er der dog kommet et betydeligt skift i mentaliteten i industrien, så nu er IT-folkene en del af hovedkontoret (hvor pengene bliver indtjent). Quants og programmører forventes nu at være med på teamet for at forøge indtjeningen.

Først og fremmest har du algoritisk trading (algos), som er en metode til at gennemføre handler ved brug af automatiserede og præprogrammerede handelsinstrukser, der også inkluderer variabler såsom pris, tid og volumen. Dette bliver også omtalt som "black box trading."
Udover at gennemføre store salg, så kan algos også prissætte aktiver hurtigere end mennesker, hvilket kan være en trussel mod visse teams indenfor optioner eller obligationer.

Det andet du skal kende til er robo-advisors. Det er her hvor bankkunder kan få finansiel rågivning eller handelsinformation med minimal eller ingen menneskelig kontakt. Rådgivningen drives af algoritmer.

Indflydelsen på jobs

Hvad angår indflydelsen på bankrådgivere og finansspecialisternes roller, så betyder det, at fra nu af vil det *ikke* være nok kun at have de basale færdigheder. Du vil få brug for ekstra træning udover hvad der typisk tilbydes hos mange universiteter. Det kan for eksempel være programmeringsfærdigheder: MQL4, Python eller C+++. Under kildelisten i denne bo, kan du finde nogle anbefalede bøger, der kan hjælpe dig videre med disse emner.

Når det gælder inflydelsen af teknologi på den mellemkorte bane, så har kloge fagfolk vurderet, at der er mindre fokus og bliver brugt mindre tid på rutineopgaver. Man kan derfor sige, at teknologi ikke vil fjerne tradere eller formueforvaltere; men det vil i stedet give dem mulighed for at præstere på et højere niveau og blive mere produktive. For eksempel, med brugen af A.I. (kunstig intelligens), så kan du identificere dine underpræsterende kunder hurtigere eller blive gjort opmærksom på oversete investeringsmuligheder.

Resumé eller CV?

Lad os starte med en kort forklaring om forskellen. De største forskelle ligger i længden og formålet. Et resumé er et hurtigt snapshot af dine færdigheder og erfaring, mens et CV er mere detaljeret. Dit resumé er typisk en eller maksimalt to sider langt. Et CV kan, i teorien, fylde fire til seks sider. Hvad det er bedst for dig, afhænger af, hvor du er henne i verden. I USA er et resumé mere almindeligt; i Europa, Asien og Mellemøsten er et CV det mest almindelige.

Uanset hvilket format du vælger, så foreslår jeg, at du holder det på maksimalt to sider, og starter med det, der er mest relevant for den position du søger. Jeg har selv haft mange jobsamtaler og hyret mange mennesker, og jeg kan bekræfte, at jeg sjældent læser mere end en side eller to. Jeg havde ganske enkelt for travlt, ligesom mange andre ledere og chefer. Vi ønsker bare at komme direkte til sagen, som selvfølgelig er, om du kan hjælpe os med at opfylde vores mål.

Du skal inkludere de basale informationer: Navn, adresse, osv. I Europa, især i Nordeuropa, inkluderer mange også deres fødselsdato og et foto. Afhængig af dit land, kan fotos og fødselsdage måske være lidt overdrevet. Udover de nævnte basale informationer, så kan du fremhæve de betalte eller ubetalte aktiviteter du har lavet, som er relevante for den position du ansøger om.

Jeg vil også nævne en smule om dine knapt så glamourøse positioner. Hvis du har arbejdet som tjener, rengøringsassistent, osv., mens du var i skole, så kan du godt nævne det. Disse positioner viser arbejdsmoral lige så godt som alt muligt andet. Husk på, at de folk der afholder jobsamtalerne, også har haft en bred vifte af jobs på universitetet. Sommerjobbet som jeg havde før jeg startede på universitet, inkluderede at slå græs i bagende sol! Det har aldrig været et problem at finde arbejde på grund af det. Senere var jeg endda "statist" hos Den Kongelige Opera. Jeg søger ikke længere efter jobs, men når folk kontakter mig for at få mig som konsulent på et projekt eller som karrierecoach, så er det en af de første ting folk spørger om, til min store overraskelse. Ethvert firma der ikke vil hyre dig bare fordi du har rengjort værelser, er sikkert ikke folk du ønsker at bruge tid på alligevel. Husk på at du også har firmaet til samtale, på samme måde som de har dig til samtale.

Upfordrede ansøgninger

Hvis du tror, at et firma har fantastiske muligheder for din fremtid, så er der ingen grund til at vente indtil de har slået ledige stillinger op. Hvis de vurderer, at din fremsatte værdi kan hjælpe dem med at opnå deres mål, så vil dørene åbne sig. Du vil i hvert fald være en af de første de kontakter i det øjeblik at en stilling bliver ledig. Dit initiativ ved at tage det første skridt har ingen ulemper.

Applicant Tracking Systems

Lad os tage et kig på teknologien, som mange af jer vil være oppe imod under jobjagten. Det er en ret almindelig praksis for mange større firmaer på tværs af industrier at benytte Applicant Tracking Systems (ATS), og finanssektoren er ingen undtagelse. Disse systemer fungerer ved at scanne CV'er og resuméer for bestemte nøgleord og sætninger.

I teorien, vil dette sikre, at det kun er de bedst kvalificerede kandidater, der kommer igennem i ansættelsesprocessen. Men det er ikke altid tilfældet.

Jeg kan kun forestille mig, hvor mange kvalificerede mennesker der er blevet overset, blot fordi de ikke fyldte nok nøgleord på deres ansøgning. Forhåbentligt vil det endelig understrege pointen ved at have et netværk. Hvis dit netværk er stærkt nok, kan du i mange tilfælde springe dette trin over.

Følgeskrivelse

Dine følgeskrivelser er endnu et vigtigt trin i jobjagten. Her er dit mål at få læseren interesseret nok til at give dit CV sin opmærksomhed, og forhåbentligt invitere dig ind til en samtale. Du skal helst inkludere hvorfor du er interesseret i positionen, og hvorfor de bør invitere dig ind til en samtale.

Jobsamtalen

N u er du nået til det afgørende øjeblik. Hvis du er nået frem til jobsamtalen, så har du rimelige chancer for at få jobbet. Hvis de ikke mente, at du havde nogen chance, så var du ikke nået så langt.

Nøglen til at få en god samtale ligger i forberedelsen. Du er forberedt når du kender til firmaet, hvor de er, og hvor de gerne vil hen. Så kan du dykke ned i detaljerne. Du kan lære hvilken rolle den afdeling, som du er til samtale hos, har i forhold til resten af virksomheden. Du skal altid huske på hvad der motiverer den anden side af bordet (intervieweren). Forberedelsesprocessen vil også inkludere så meget øvelse som muligt i at besvare typiske spørgsmål under jobsamtalen. Det vil hjælpe dig med at få en mere poleret præsentation. Der findes en samling af disse prøvespørgsmål i et senere kapital.

Som nævnt før, skal du overbevise intervieweren om, at du er den bedste person til at hjælpe dem med at opnå deres mål. Du gør dette ved at give et indtryk af selvtillid, og du vil få denne selvtillid ved at være forberedt. Mange undersøgelse har vist, at beslutningen om hvorvidt du får en stilling eller ej, bliver truffet indenfor de første fem minutter; derfor skal din selvtillid og energi kunne mærkes af alle i rummet.

Du skal som hovedregel lytte mere end tale, men du skal også helst have en liste med spørgsmål omkring stillingen og firmaet når de spørger om du har nogen spørgsmål. Det er ikke godt ikke at have nogen spørgsmål når du når til denne del af samtalen. For eksempel, kunne dit spørgsmål omhandle at få more information om de typiske karrierefremskridt hos nogen der har den stilling du har søgt om.

Min opsummering for jobsamtaler

Det vigtigste jeg kiggede efter, da jeg holdt jobsamtaler, var hvorvidt der var et match mellem CV'et og den person jeg så foran mig. Hvis en kandidat sagde "jeg har en passion" men ikke viste tegn på det, så var det typisk ikke en succesfuld samtale. Hvis du har en "passion for trading", så vil jeg se masser af beviser, for eksempel ekstra træning eller fag du tog udover det påkrævede for dit studie. Var du medlem af en finansforening? Havde du en demo handelskonto? Disse tegn skaber sammenhæng mellem CV'et og personen.

Et par kommentarer om
jobsamtaler online eller via telefon

M ange folk spørger mig hvordan man håndterer en telefonjobsamtale. Jobsamtaler over telefonen eller online er ret almindelige, så man har brug for en strategi. De gode nyheder er, at du skal bruge de fleste forslag som vi allerede har afdækket for fysiske jobsamtaler. Men du skal raffinere dine lytteevner endnu mere, for nu kan du ikke se intervieweren foran dig.

Forberedelse er nøglen her, præcis som en fysisk jobsamtale. Du har brug for et stille rum, der ikke har støj fra TV, baggrunden eller gaden under samtalen. En skriveblok eller notesbog er også et musthave. Det er essentielt for at skrive numre eller vigtige pointer ned, som du gerne vil nævne senere under opkaldet. Så undgår du også at bede om at få ting gentaget, og dit udtryk virker mere finpudset for intervieweren.

Mange mennesker, også mig selv, virker til at præstere bedre i disse typer samtaler når de står op. Et andet tip der har fungeret for mange, er også at klæde sig som hvis du var til en fysisk jobsamtale. Det er rigtigt. Du tager det tøj på, du ville bruge til en fysisk samtale. Det er blevet bevist, at det giver et mentalt boost, på samme måde som den måde du klæder dig på kan påvirke hvordan du opfører eller præsterer i mange andre områder af dit liv.

Et tip fra mine mange år som foredragsholder bør give dig en ekstra fordel: Før interviewet, bør du drikke nok vand til at din hals bliver fugtet. Der er ingen grund til at gå over gevind, bare et par glas før og så et glas eller en vandflaske på siden under samtalen.

Hvis du er til en online jobsamtale, så skal du selvfølgelig have en god internetforbindelse, og al din teknik bør være helt opladet før jobsamtalen.

Jobtilbuddet

Succes! Du har nu fået det tilbud som du arbejdede så hårdt for. Det første skridt er at sikre, at de basale ting er på plads; stillingen og lønnen er det, du havde forestillet dig. Afhængig af stillingen, vil jobtilbuddet være givet via telefon og så fulgt op via e-mail eller post. Du skal rette enhver uoverensstemmelse omgående og så gå videre til næste trin. For dem der er i tvivl, så vær klar over, at et jobtilbud og accept af dette via telefon er juridisk bindende.

Evaluer omhyggeligt, hvorvidt dette er firmaet du gerne vil arbejde for, overvej fordelene og ulemperne en gang til. Hvis du har et "luksusproblem" fordi du skal gennemgå flere jobtilbud, så bed om mere tid til at træffe den rette beslutning. Men vær realistisk og hensynsfuld; det anbefales ikke at du bruger flere uger på at beslutte dig.

Lønforhandlinger

S om praktikant er lønnen ikke nogen topprioritet. Prioriteterne er at få mere erfaring og opbygge et netværk. For en ny dimittend, er det stadig ikke nogen topprioritet, men det er dog lidt vigtigere. Som dimittend er du ikke længere studerende, og du bør ikke stille dig tilfreds med at blive underbetalt. Hvis du er i tvivl, så er det helt okay at spørge om lønintervallet for din stilling. Baseret på hvilke andre ekstra færdigheder du har (fremmedsprog, programmering, etc.), så kan du selvfølgelig bede om at blive kompenseret i den højere ende af intervallet.

Fleksibilitet

Nye dimittender er ofte overraskede over, hvor meget fleksibilitet der er indenfor løn. Det er ikke uhørt eller usædvanligt at folk, der udfører præcist de samme jobs hos et firma, får vidt forskellig løn. Dette kan være på grund af hvornår de startede, hvem de kender, situationen på jobmarkedet, eller deres egen gennemslagskraft. Husk på ordsproget "man kan kun få et nej." Som mange nok allerede ved, så er din løn kun *et* aspekt af din samlede kompensation. Du bør også være klar over hvilke andre frynsegoder eller fordele der er tilgængelige. Hvis firmaet er generøse med, for eksempel, at betale for efteruddannelse eller træning, så kan en lavere startløn blive set gennem fingre med i det store billede. I takt med at du kravler op af karrierestigen, så anbefaler jeg at du bliver mindre fleksibel med lønnen.

Værdi vs. Timer

Når man arbejder professionelt i banksektoren, så omhandler det sjældent at blive betalt i timen. Ja, der er retningslinjer afhængig af dit land, men generelt arbejder tradere og investeringsrådgiver lige fra 40 til 60 timer om ugen. Jeg vil råde dig til, at du tidligt i din karriere fokuserer på **værdien** du bringer til et team i stedet for hvor mange timer du er der. Der er en *stor* forskel mellem at have travlt og være produktiv. Den gamle praksis med at samle et sindssygt antal timer sammen er forhåbentligt på vej ud, ligesom den "flydende frokost" trend fra 90'erne.

På et af de teams jeg ledte, havde jeg en mor med et lille barn i skolealderen, og hun havde en praksis med at gå tidligt for at hente ham fra skole hver dag. Hun kontaktede mig da hun sluttede sig til teamet omkring dette særlige behov hun havde. For at være ærlig, så var jeg først lidt tøvende, men hun lovede mig en exceptionel præstation. Kort sagt, så viste hun sig at være teamets top-producent, og det bør heller ikke være nogen overraskelse, at jeg også gav hende den største bonus på teamet. Hun tjente reelt set flere penge end jeg gjorde.

Enhver leder med respekt for sig selv vil fokusere på værdien du bringer, og ikke på hvor mange timer du sidder på kontoret. Det er noget du altid bør huske på, især når det er tid til forhandling om løn eller bonus.

Få mest muligt ud af din praktikplads eller studenterjob

N u hvor du har en praktikplads, så tillykke! Lad os se på hvordan du maksimerer din tid i denne stilling. Det mest indlysende mål er at lære så meget du kan. Du bør især lægge mærke til hvilke typer adfærd, der bliver belønnet, og hvilke der bliver straffet. Under hele denne proces, skal du have et åbent sind, så meget som muligt, og sluge så meget information du kan. Dette åbne sind betyder også, at du er åben overfor at lave ting, der ikke står i din jobbeskrivelse. For eksempel var jeg engang på et trading team, hvor en praktikant hjælp med at gennemføre handler på grund af sine sprogfærdigheder. Det var ikke en del af hans job, men han var åben overfor nye opgaver, og vi gav ham til gengæld ekstra træning. For at undgå nogen misforståelser, så er denne åbenhed ikke lig med grønt lys til uetisk adfærd.

Sandheden er, at en praktikplads er alt for tidlig i dine karriereovervejelser til at sætte dig fast på præcis hvad du vil lave i dit første job efter du er dimitteret.

Tillid

Som en praktikant eller studentermedhjælper, så anses du for at være på teamet, men stadig være lidt af en outsider. Det har jeg erfaret, efter jeg har arbejdet med et par praktikanter på de teams jeg ledte. I nogle tilfælde, underligt nok, så vil folk måske dele eller indrømme ting til dig, som de ikke ville gøre til andre medlemmer af teamet. Det er fordi, at du som praktikant er i lidt af en beskyttet kategori. Dine fejl vil blive tilgivet langt hurtigere og nemmere end andre. Den eneste fejl der IKKE vil blive tilgivet, er hvis du deler enhver form for fortrolig information uden tilladelse, som var blevet fortalt til dig. Så har du brudt tilliden og, afhængig af hvem du har gjort det mod, så kan resten af din praktik blive ret så ubehagelig.

Market Making

Et team som jeg ofte nævner i min undervisning, når jeg bliver spurgt om hvilken afdeling eller team der er bedst at slutte sig til, hvis du er interesseret i trading eller markedsdivisionen hos en bank, er market makinng. Det er her hvor du vil lære om trading mellem banker, og få en dyb indsigt i at arbejde med en ordrebog. Denne træning vil give dig en solid base for cirka alle andre afdelinger senere. Folk i market making er gået videre til at blive ledere af handelsdivisioner, CEOs hos børsmæglere i mellemstørelse, og endda salgsledere.

Networking for praktikanter

Under dit praktikforløb, så er det ingen overraskelse at dit mål, udover at lære de praktiske færdigheder, er networking og at begynde at opbygge professionelle kontakter. Det er mennesker der vil anbefale dig til andre praktikforløb eller give dig en kontakt til folk der driver forløb for nye dimittender. Fra min egen personlige erfaring, bliver mange nye tradere hyret fordi de tidligere var ansat som sommer- eller vinterpraktikanter. Den feedback jeg har fået fra studerende jeg har undervist i GCMS-fag viser, at mange fik deres første job på baggrund af deres praktik.

Man skal huske på, at folk i finanssektoren bevæger sig en del rundt mellem firmaer og lande. Selvom finans- og investeringssektoren er global, så kender vi i realiteten langt mere til hinanden end man tror hvis man observerer udefra. Det er endnu en årsag til at du skal værne om dit ry. Den ven eller fjende du har fået hos én bank, kan vente på dig hos din næste arbejdsgiver som din kollega, chef, eller din chefs chef!

Forskellen på networking i Europa og USA

Heldigvis er forskellene ikke så store, men de små forskelle tæller dog stadig. Det er stadig vigtigt at være en hjælp for andre først, og så lave forbindelser FØR du har brug for dem.

Det er ikke uset at man går op til fremmede i USA og prøver at få en forbindelse. Det er næsten en forventning i New York City, hvor jeg har arbejdet en del. I Europa, især i Nordeuropa (Norge, Sverige, Danmark, Finland) kan folk anse dette for at være en ret aggressiv opførsel. I London minder tingene mere om New York, men med en lidt blødere tilgang, afhængig af hvilken cirkel du bevæger dig i. Så for amerikanerne, bør der tones lidt ned når du er i Europa. For de europæiske læsere, så handler det bare om at åbne munden når man er sammen med folk fra USA.

Det første job
efter dimissionen

Kommentar til billedet: Ikke mit første job efter jeg dimitterede fra universitet, men jeg netværker stadig den dag i dag med folk fra mit gamle team. Vi er i øvrigt alle sammen nu hos andre banker eller har startet vores egne virksomheder.

Jeg er den enormt glade fyr i midten med udstrakte arme.

"Den virkelige verden"

Velkommen til den virkelige verden, som man siger. Den såkaldte "virkelige verden" er faktisk ikke så slem. De første gode nyheder er, at du endelig bør tjene en rigtig voksenløn. Mange af ting, der blev anbefalet til praktikanter, gælder stadig for nye dimittender, men det er lidt mere presserende. Din opbygning af færdigheder og netværk skal hæves et par niveauer.

Tilegnelsen af færdigheder handler i praksis om, at så snart din første træning er færdiggjort, begynder du at opsøge ekstra træning eller i det mindste lade folk vide at du ønsker det. I de fleste tilfælde vil lederne opfatte dette som noget positivt. Hos mange banker, er lederne bedømt på hvor gode fremskridt deres teams laver. For eksempel, hvis du leder et team hvor mange folk bliver forfremmet, så kaster det et positivt lys på lederen. Han eller hun gør noget rigtigt, og det gør også lederens team mere attraktivt. Alle vil gerne arbejde der. Hvem vil ikke arbejde i et team hvor folk gør fremskridt?

Networking på dit første job

Reglerne for networking som praktikant gælder stadig, men nu har vi raffineret tingene lidt. Du vil hurtigt bemærke, når først du arbejder på en trading desk, at mange folk har arbejdet med hinanden på et tidspunkt i deres karrierer. Dette gælder ikke blot for tradere, formueforvaltere og market makers, men selv marketing teams har ofte kontakter fra tidligere jobs.

Et af dine mål som det nye teammedlem er at vise noget fleksibilitet og være åben for at gøre nogle tjenester, for eksempel ved at bytte skema med en kollega, hvis du arbejder på en 24-timers desk. Som jeg nævnte tidligere, så inkluderer denne fleksibilitet aldrig uetiske ting. At foretage uetiske eller ulovlige handlinger vil hurtigt indhente dig, og så ryger din karriere ud ad vinduet.

Hos mange firmaer, vil du opleve en vist mængde turnover i personalet. De folk du godt kan lide, skal du sørge for at holde tæt kontakt med, så meget som muligt. De vil blive dine nyhedskilder omkring hvad der sker i andre firmaer, og nu har du adgang til et nyt netværk. Du er derimod deres kilde til nyheder i dit firma, eller andre steder. En anden ting man skal huske på er, at lige så ofte folk forlader firmaer, lige så hurtigt kan de komme tilbage til det samme firma efter et år eller to!

Sociale forhold

Mange karrierebøger springer denne del over, for den kan være lidt øm. Jeg er kendt for at sige tingene som de er; så derfor kan jeg gøre det. Trading- og investeringsverdenen virker nogle gange som én stor fest (udenfor arbejdet). Der er mange grunde til dette; først og fremmest, er det typisk den høje løn. Du vil i de fleste tilfælde have en løn, der tillader dig lidt mere sjov i budgettet end en gennemsnitlig lønmodtager. I tilfældet af at du ikke har det, så er der ingen grund til at bekymre sig, for der er masser af firmasammenkomster. I Skandinavien, hvor jeg holder til en del af året, er der en ting kaldet "fredagsbar", hvor banker eller firmaer starter festen for dig hver fredag på firmakontoret. Jeg kan kun sige, at jeg nød alle mine fredagsbarer uden nogen ubehagelige hændelser. Det gælder dog ikke for alle, især dem der nye indenfor banksektoren. Du skal virkelig være på vagt ved disse events; du skal selvfølgelig have sjov, faktisk have masser af sjov! Men med alkohol involveret, især hvis du stadig er på din arbejdsgivers ejendom, så ville jeg personligt holde mig tilbage.

Til firmaets julefrokoster, prøver jeg altid at gå før tingene bliver for voldsomme. Jeg var *ikke* nogen engel. Mine venner og jeg tog altid festen et andet sted hen, væk fra kollegaerne som vi ville se igen mandag morgen. Det er også noget du bør overveje.

Dating på jobbet

Folk der dater på jobbet findes alle vegne, også alle de steder jeg nogensinde har arbejdet. Lige fra mit sommerjob som lejrguide i New York mens jeg var på universitetet til da jeg var leder af flere teams med bankfolk i Europa. I løbet af min tid som ansat, har jeg set masser af folk der mødtes på jobbet og er blevet gift, så der er bestemt lykkelige udfald.

Jeg foreslår, at hvis du vil date på jobbet, så er det med diskretion og på egen risiko. Nogle af de tydelige grænser er selvfølgelig, at du ikke dater din chef eller presser folk til dates. Det kan få dig fyret eller sagsøgt, og du kan ende i retten med en sag på halsen. Det er bedst at date folk der er udenfor dit arbejde. Hvis jeg skal være helt ærlig, så har jeg også datet nogle af de steder jeg har arbejdet, og når man sammenligner med dating udenfor arbejdet, så var det sidste langt mindre kompliceret og stressende. Når alt kommer til alt, så må du se hvad der fungerer bedst for dig, og i den her skrøbelige juridiske zone, så vil jeg være meget forsigtig.

Tænker du på at være sammen med nogen midt i arbejdsdagen? Afhold dig fra det. De få gange jeg har hørt om det mens jeg har været på arbejde, så har det altid endt galt for de mennesker der var involveret.

GCMS Finance
Assessment – øvelse

D enne eksamen er designet til at give dig feedback på din viden om basale principper om kapitalmarkedet. Spørgsmålene bør få dig til at tænke, men de bør ikke være vildt udfordrende, da de er ret basale. De fleste eksamener giver ikke mere end et minut per spørgsmål, så for at gøre det realistisk, bør du teste dig selv med det (ét minut) som rettesnor. Hvis du har problemer, så bør du selvfølgelig få noget praktisk træning og læse nogle bøger for at udfylde hullerne.

Husk på, at den rigtige eksamen typisk vil have mellem 50 og 100 spørgsmål. Dette er kun en smagsprøve.

GCMS Finance Assessment øvelse

1. Hvilke af de følgende sætninger omkring spareadfærd er mest korrekt?

(a) Forventet stigning i indkomst tilskynder individer til at spare mindre.

(b) Højere renter gør individer mindre villige til at bytte nuværende forbrug med fremtidigt forbrug.

(c) Ingen af ovenstående.

2. Standardafvigelse er et mål for

(a) Hverken risiko eller afkast

(b) Afkast

(c) Både risiko og afkast

(d) Risiko

3. En aktie der handles på markedet i stor volumen kaldes for

(a) Liquid stock

(b) Illiquid stock

(c) Value stock

(d) Growth stock

4. Hvilke af de følgende er ikke en typisk exitrute for en private equity investor?

(a) IPO

(b) NCD

(c) Buy Back

(d) Strategisk salg

5. Når Federal Reserve Board hæver renten, hvad er den forventede virkning på inflation?

(a) Fald

(b) Ingen påvirkning

(c) Stigning

6. Hvad er FOMC?

(a) Federal Official Market Corp

(b) Federal Office Market Committee

(c) Federal Open Market Committee

7. Hvad måler CPI?

(a) Corporate pressure

(b) Inflation

(c) Forbrug

8. Hvorfor er glidende gennemsnit nyttige som et handelsværktøj?

(a) Undersøgelser viser, at det er bedre end andre analyseværktøjer.

(b) Giver perfekte handelssignaler.

(c) Gør det nemmere at identificere trends.

9. Er det muligt at handle med forex på hverdage kl. 03.00?

(a) Ja, markedet er åbent 24/7.

(b) Ja, men kun asiatisk valuta.

(c) Kun hvis det godkendes af en senior børshandler.

10. Hvad er formålet med en stopordre?

(a) Stop tab på en handel.

(b) Stop tab på en lukket position.

(c) For at hjælpe nye tradere.

11. Hvornår bør en trader forvente mest markedsvolatilitet fra en rapport?

(a) Når rapporten er betydeligt anderledes end forventningerne.

(b) Når rapporten er som forventet.

(c) Når rapporten er en anelse anderledes end forventningerne.

12. Hvilke er eksempler på ting der påvirker forex-markedet?

(a) Beskæftigelse/jobrapporter.

(b) Antallet af nyfødte i Mexico.

(c) Hvor mange der så nyheder på kabel-tv i denne uge.

13. En model der beskriver forholdet mellem risiko og forventet afkast, og bruges i prissætningen af værdipapirer er også kendt som

(a) Betamodel

(b) Effektiv markedshypotese

(c) Security market Line

(d) CAPM

14. Risiko vurderes på

(a) Volatilitet

(b) Rentesatser

(c) Afkast

(d) Ingen af ovenstående

15. En nulkuponobligation vil have ingen _____ risiko.

(a) Reinvesteringsrisiko

(b) Rentesatsrisiko

(c) Standardrisiko

(d) Inflationsrisiko

16. Du er en international købmand der handler med Mexico. Du vil få en stor sum pesos i den nærmeste fremtid, og du er bange for, at værdien af pesos vil falde. Hvordan skærmer du din position?

(a) Sælge peso futures-kontrakter.

(b) Sælge dollar futures-kontrakter.

(c) Købe peso futures-kontrakter.

(d) Ingen af ovenstående.

17. Johan forventer at modtage 15.000 amerikanske dollars som en gave fra hans onkel. Han planlægger at investere 50% af hans gave i aktier. Nylige trends i aktiepriserne indikerer, at aktiepriserne kan være ved at stige. De kommende valg kan muligvis dæmpe begejstringen på

børsen, samt hvis regeringen beslutter sig for at forfølge en streng økonomisk politik. Baseret på følgende information, hvad bør Johan gøre, hvis han vil drage nytte fra de kortvarige stigende kurser i aktiepriserne?

(a) Købe langsigtede index-futures/optioner.

(b) Købe aktier fra spotmarkedet ved at låne penge.

(c) Shorte index-futures

(d) Ingen af ovenstående

18. Afkast på Aktie A og Aktie B har en korrelationskoefficient på -1. Når prisen på Aktie A stiger med 12%, hvordan vil Aktie Bs pris udvikle sig?

(a) Falde med 12%

(b) Stige med 12%

(c) Falde med 6.0%

(d) Forblive uændret

19. Hvis en obligation sælges til overkurs –

(a) Så er dens kuponrente under markedsværdi.

(b) Så er det en attraktiv investering.

(c) Så er dens realiserede samlede udbytte vil være mindre end udbyttet på forfaldsdagen.

(d) Så er dens nuværende afkast lavere end kuponraten.

20. NASDAQ er

(a) The NASDAQ (akronym for National Association of Securities Dealers Automated Quotations) er en amerikansk børs.

(b) En sektion af NYSE hvor teknologiaktier bliver handler.

(c) Handlessymbolet for et akvatikfirma der sælges på Amex.

Svarene findes i slutningen af bogen.

Interviewspørgsmål for kandidater i finanssektoren

nterviewspørgsmålene der præsenteres her, skal bruges som et pejlemærke til hvad du skal forvente under et typisk interview. Du forbereder dig bedst ved at lave svar til flere forskellige versioner af spørgsmålene i denne guide. Enten med en partner eller alene, så skal du blive så komfortabel som du overhovedet kan blive med TYPEN af spørgsmål. Det handler alt sammen om at gøre dig så poleret som muligt.

Arbejdsgivere leder efter kandidater med følgende: Indholdsmæssige, praktiske eller adaptive færdigheder.

- Indhold: Viden der er relevant for arbejdet, f.eks. trading, sprog, kodning, programmering, etc.
- Praktiske færdigheder: Færdigheder fra tidligere jobs eller aktiveter som arbejdsgiveren finder værdifuld, f.eks. organisering, ledelse, udvikling, kommunikation, osv.
- Adaptive færdigheder: Personlige karakteristik såsom at være pålidelig, en teamplayer, selvmotiveret, punktlig, etc.

Hvad er den optimale strategi til at besvare disse typer spørgsmål?

Du skal svare med et overblik over opgaven eller problemet, de specifikke handlinger du udførte, og slutresultatet af dem. Dit svar bør indeholde alle de følgende pointer.

Opgave: Vores team underpræsterede, og lavede flere handelsfejl end gennemsnittet.

Specifik handling: Jeg lavede og ledte træningssessioner for at forbedre vores færdigheder i at gennemføre handler.

Resultat: Vi reducerede handelsfejl med 50%,

Forklaring af valg

- Fortæl mig om dig selv og før mig gennem dit CV. Giv mig en kort opsummering af din arbejdshistorik.
- Hvorfor valgte du dit universitet?
- Hvilke fag var du bedst og dårligst i?
- Fortæl mig om din oplevelse med universitet eller anden uddannelse.
- Hvorfor forlod du din tidligere stilling?
- Hvad lærte du om dig selv under dit seneste job?
- Fortæl mig om dine årsager til at have valgt denne industri.
- Giv eksempler på hvordan du har udnyttet dine bedste færdigheder.
- Hvad er din største svaghed?
- Hvad har været dine største successer og milepæle? Hvordan opnåede du dem?

- Fortæl mig om din største fortrydelse.

Motivationer

- Hvad er dine største milepæle/præstationer?
- Hvad motiverer dig?
- Hvad er dine største styrker?
- Hvad tiltaler dig ved denne stilling?
- Hvilke begivenheder har haft en effekt på dit liv?
- Hvilke slags aktiviteter nyder du?
- Fortæl noget om dig selv, som jeg ikke kan læse fra dit CV.
- Hvad ville du gøre, hvis du ikke behøvede at arbejde for pengenes skyld?
- Hvad laver du i fritiden?
- Hvor ser du dig selv om 2-3 år?

Teamwork

- Fortæl om en hændelse hvor du var i et team der oplevede udfordringer. Hvad gjorde du? Hvad var resultatet?
- Hvad har du specifikt gjort for at promovere teamwork og samarbejde blandt individer og grupper i en virksomhed? Hvad var din motivation? Hvor effektive var dine handlinger?
- Fortæl mig om en leder du har arbejdet sammen med, som du respekterer eller beundrer. Hvilke karakteristika ved denne person gør dem effektive og inspirerende som leder af et team?

- Hvilken rolle har du typisk i et team?

Håndtering af usikkerhed

- Fortæl mig om et projekt du arbejdede på, der var under konstant forandring og meget uforudsigeligt. Hvordan håndterede du det?
- Beskriv en situation, hvor du eller folk omkring dig, var ukomfortable på grund af mangel på vejledning eller retningslinjer. Hvordan reagerede du, og hvad var resultaterne?

Initiativ

- Giv et eksempel på et tidspunkt, hvor du arbejdede på et kritisk projekt/job med lidt eller ingen supervision. Hvordan håndterede du det? Hvad var resultatet?
- Hvad er det bedste eksempel på hvordan dit initiativ gjorde en forskel i at opnå de nødvendige resultater?
- Beskriv et projekt hvor du oversteg forventningerne til dig.
- Hvad er det bedste eksempel du give om at tage en kalkuleret risiko i en usikker situation for at gå efter det ønskede mål?

Opbygning af relationer

- Beskriv en oplevelse hvor du måtte overkomme en stærk modstand til dine ideer eller initiativer. Beskriv dit publikum, typen af problem du diskuterede med dem, og de skridt du tog for at påvirke gruppen.

- Fortæl om et tidspunkt hvor du overtalte andre til at gøre som du ønskede.

- Giv det bedste eksempel på, hvordan du succesfuldt arbejdede "backstage" for at påvirke en vigtig forretningsbeslutning.

Lederskab

- Giv et eksempel på en situation, hvor du var i stand til at forbedre en anden persons præstation. Hvad førte til situationen?

- Beskriv en situation, hvor du skulle være supervisor for en ansat. Hvad gjorde du?

- Giv mig eksempler på dine lederevner.

- Hvad ville dine teammedlemmer sige om dig, hvis jeg bad dem om feedback på din ledelsesstil?

Kreativitet

- Giv et eksempel på hvordan du øjnede nogle forretningsmuligheder for at skabe profit. Hvordan forfulgte du den mulighed? Hvad var resultatet?

- Beskriv en situation, hvor du foreslog en kreativ tilgang til at løse et problem. Blev det accepteret?

- Har du for nyligt foreslået en ny idé til nogen? Hvad var ideen? Hvad skabte ideen?

- Hvad er den mest kreativ eller innovative ting du nogensinde har lavet?

- Giv mig et eksempel på engang, hvor du kom med en kreativ løsning på et problem.

Integritet

- Fortæl mig om engang, hvor du lovede noget, der var svært at holde. Hvad gjorde du for at løse situationen?

- Har du stået overfor en situation, hvor nogen ikke blev behandlet på en fair måde? Hvad gjorde du? Hvad var resultatet?

- Fortæl mig om engang, hvor du satte en andens behov før dine egne. Hvad gik gennem dit hoved da du overvejede din beslutning? Hvordan havde du det med dit valg?

Lærenemhed

- Beskriv et tidspunkt, hvor du var i en ny situaiton og hurtigt skulle indsamle viden for at forstå hvad der skete. Hvilke værktøjer brugte du? Hvad var resultatet?

- Hvordan besvarer du spørgsmål der omhandler indhold som du ikke kender til?

Team og kultur

- Beskriv hvad der ville være det idelle miljø for dig.

- Hvad nyder du mest ved det miljø du arbejder i nu? Hvilke dele af dit nuværende job vil du gerne undgå i dit næste job?

- Beskriv de mest relevante og specifikke områder i din baggrund, der viser, at du er kvalificeret til dette job.

- Hvad betyder mest for dig i din næste stilling?

- Hvordan definerer du stress, og hvordan håndterer du det?

- Hvorfor er du interesseret i denne stilling?

- Hvad interesserer dig ved vores firma?

- Fortæl mig om dine grunde til at vælge denne industri.

Afsluttende

- Hvorfor bør vi ansætte dig?

- Hvorfor er du den ideelle person til denne stilling?

- Hvad gør dig anderledes fra andre ansøgere?

- Har du nogen spørgsmål for mig/os?

Ressourcer

Mine andre bøger har vist sig at hjælpe studerende og nye dimittender. Flere af dem findes også på spansk.

Algo Programmering:

Expert Advisor Programming for Beginners: Maximum MT4 Forex Profit Strategies

Teknisk analyse:

Technical Analysis for Forex Explained

Blockchain:

Blockchain: Real-World Applications and Understanding

Hjemmesider:

En af de bedre sider til at søge efter jobs og artikler omkring investeringer og finanssektoren generelt: https://www.efinancialcareers.com/

Praktisk uddannelse indenfor kapitalmarkeder og karrierecoaching:

https://www.gcmsonline.info/

Konklusion

Tak for at være nået hele vejen til slutningen af *Få dit første job eller praktikplads i finanssektoren*. Jeg håber, at det var informativt og give dig de værktøjer du skal bruge for at nå dit mål om at få en stilling i finanssektoren, der udfordrer dig! Det næste skridt er at øve interviewspørgsmålene indtil de bliver naturlige. For dem der vil dykke endnu mere ned, så kan du besøge min hjemmeside for flere muligheder.

Held og lykke!

Forfatterprofil

Wayne Walker er direktøren i en virksomhed der tilbyder konsulentarbejde og uddannelse indenfor globale kapitalmarkeder (gcmsonline.info). Han har flere års erfaring med at lede og coache teams indenfor investeringsrådgivning og har været i spidsen for teams med toppræstationer i privatkunde-gruppen baseret på benchmark-indtjening (BME). Derudover er han kendt for at hjælpe mange med at få deres første job i finans.

GCMS-evaluering – svar

1 – A

2 – D

3 – A

4 – B

5 – A

6 – C

7 – B

8 – C

9 – A

10 – A

11 – A

12 – A

13 – D

14 – A

15 – A

16 – A

17 – A

18 – A

19 – D

20 – A